김병완의 결정책 시리즈 10부작 제10권

결정적 순간의 책읽기

인생의 결정적인 순간에 위기 대처
능력을 향상시켜 주는 책(冊) 읽기

김병완

플랫폼연구소

< 김병완의 결정책 시리즈 10부작 제10권 >

김병완의 결정적 순간의 책(冊) 읽기_10권
일상생활에 지쳤을 때 _ 새로운 삶이 살고 싶어질 때

인생의 결정적인 순간에 위기 대처 능력을 향상시켜 주는 책(冊) 읽기

" 나는 한 시간의 독서로 누그러들지 않는
어떤 슬픔도 알지 못한다."
- 몽테스키외 -

프롤로그_ 책은 인생을 밝혀주는 등불이다.

‘책을 잘 읽고 산다는 것은, 경이로운 세상에 눈을 뜨고 매일매일 세상과 나 자신의 잠재력에 대해 새로운 것들을 배우며 정신적으로 한 차원 높은 삶을 살아가는 것이다.’

<전략적 책읽기>의 저자 스티브 레빈의 이 말처럼 책을 잘 읽고 산다는 것은 자신의 한계를 훌쩍 뛰어넘어 한 차원 높은 삶을 살아가는 것이라고 말할 수 있다. 그런 점에서 책읽기는 기적을 창출해 내는 기적 그 자체이다.

책이 아니라면 우리는 과거에 살았던 수많은 현인의 지혜와 통찰력에 대해 알 수 없었을 것이고, 생각의 재료가 되는 지식을 축적하지도 못했을 것이며 생각의 계기가 되어 주는 역사와 이야기를 많이 접하지도 못했을 것이다.

부침이 많은 것이 바로 우리의 인생이다. 이러한 인생을 살아 나가다 보면 때로는 억장이 무너질 만큼 아프고 당황스럽고 어찌해야 할 바 몰라 발만 동동 구르면서도 아무것도 할 수도 없었고, 무엇을 어떻게 해야 하는지도 몰라서 더 힘들었던 시기를 경험하게 된다.

이 책은 바로 이러한 절체절명 위기의 순간 혹은 인생에 찾아오는 결정적인 순간에 꼭 읽어봐야만 하는 책들에 관한 이야기이다. 만약에 그 위기의 순간 혹은 결정적인 순간에 이 책을 읽었었더라면 좀 더 지혜롭고 의연하게 잘 대처해 나갔을 것이고, 그러한 조금의 차이는 긴 인생을 살면서 모이고 쌓여서 인생의 성공과 실패를 결정짓게 되는 중요한 차이가 되어 우리에게 보상해 줄 것이다.

그런 점에서 책을 읽으면서 살아가는 사람들과 책과 동떨어져서 살아가는 사람의 삶은 보이지 않는 큰 간격이 생길 수밖에 없는 것이다.

중요한 사실은 인류가 가진 부의 대부분을 소유하고 운용하고 있는 사람들은 후자가 아니라 전자들이며, 새로운 부를 창출해 내는 사람들도 또한 바로 그들이라는 점은 우리에게 책은 선택이 아니라 인생을 제대로 잘 살아가기 위해서는 꼭 필요한 필수 조건이라는 사실을 잘 보여주는 사례일 것이다.

위대한 발명가, 위대한 정치인, 위대한 대왕, 위대한 혁명가, 위대한 경영자, 위대한 방송인, 위대한 학자와 같은 위대한 인물 중에 책을 읽지 않은 인물들이 과연 있을까?

그렇다고 위대한 인물이 되기 위해서 책을 읽

어야 한다고 말하는 것은 아니다.

이 책의 존재 목적은 버트런드 러셀이 한 말에 토대를 두고 있다.

" 내게 좋은 책을 알려주는 사람이 있었다면, 이렇게 오랜 시간에 걸쳐 시행착오를 하지 않았을 텐데 ...."

바로 이것이다. 당신에게 그것도 결정적 순간에 당신이 오랜 시간에 걸쳐 시행착오를 하지 않을 수 있도록 좋은 책을 알려 주는 것이다. 이것이 바로 이 책의 목적이다. 그렇기 때문에 이 책은 처음부터 끝까지 순서대로 읽어야 하는 그런 책이 아니다. 자신의 인생이 현재 직면하고 있는 상황에 맞추어 필요한 부분을 읽어서 자신이 처한 결정적 순간에 읽었을 때 가장 유익하고 도움이 되는 그런 좋은 책에 대해 알게 해 주는 그런 책이다.

책이 책을 읽는다는 말이 있듯이, 이 책은 또

다른 책을 읽게 만드는 그런 책의 구실을 톡톡하게 해 낼 것이라고 믿는다.

책을 읽는다는 것은 인간만이 누릴 수 있는 특권이며 사치 중 사치라고 할 수 있다. 당신은 이러한 사치와 특권을 누릴 자격이 있다. 과거 중세 시대에는 최고의 특권층만이 책에 접근할 수 있었다는 사실을 생각해 보면, 지금 이 시대에 살고 있는 것만으로도 우리는 행복한 사람임에 틀림없다.

'좋은 책을 읽는 것은 지난 몇 세기에 걸쳐 가장 훌륭한 사람들과 대화하는 것과 같다.' 라고 말한 데카르트는 책의 위력과 유익함을 너무나 잘 알고 있었던 현인 중 한 명이었다. 당신도 이제 지난 몇 세기에 걸쳐 가장 훌륭한 사람들과 더 많은 대화를 나누는 그런 기회를 지금까지보다 더 많이 가져 보기를 바란다.

책은 인류가 힘겹게 오랜 시간 걸어오면서 쌓

아 올린 사색의 결정체이며 인생을 밝혀주는 등불이다. 책은 궁지에 몰린 이에게는 새로운 돌파구를 발견할 수 있게 해 주는 돌파구이며, 어떤 시련과 역경도 헤쳐 나갈 수 있게 해 주는 원동력이다.

책은 비탄에 빠진 사람에게는 위안이 되며, 절망한 사람들에게는 용기가 되며, 방황하는 이들에게는 인생의 나침반이 되어 주며, 세상에 지친 이들에게는 오아시스가 되어 주며, 가난한 이들에게는 부자가 되는 길을 제시해 주고, 실패한 이들에게는 성공할 수 있는 길을 제시해 준다.

이런 이유와 근거를 토대로 필사는 장담할 수 있다.

" 이 세상에서 책을 읽는다는 것은 최고의 특권이며, 사치이며, 축복이다. "

목차

가장 큰 힘은 내면에 있다. 느긋할수록 더 멀리 간다.

< CEO를 위한 노자 >

_ 베르너 슈반펠더

전략이 없으면 반드시 패한다.

< 사기의 경영학 >

_ 김영수

좋은 것은 위대한 것의 적이다.

< 좋은 기업을 넘어 위대한 기업으로 >

_ 짐 콜린스

인생은 결국 당신의 선택에 달려 있다.
< 에너지 버스 >
_ 존 고든

오늘보다 내일이 더 행복해 지는 것은 전적으로 당신에게 달려 있다.
< 인생의 절반은 행복하게 살자 >
_ 주선용

에필로그 _ 책은 삶의 특권이며 최고의 사치이며 향락이다.

제10장. 일상생활에 지쳤을 때 _ 새로운 삶이 살고 싶어질 때

" 느긋함과 인내는 성공을 가져다준다. 느긋함은 자신감의 표현으로, 앞으로 일어날 일을 선입견 없이 보도록 해준다. 그래야 일이 왔을 때 그것을 그릇에 담을 수 있게 된다. 변화는 계속해서 우리의 직업적인 삶을 규정할 것이다. 과제는 이미 되어 있는 것과 전에 만들어진 전략에 고집스럽게 집착하는 것으로는 해결되지 않는다. 오히려 인내와 유연성을 갖고 대했을 때 해결될 수 있다. 변화만 지속직이라는 사실을 아는 사람은 이 과정에서의 기회를 잡을 수 있게 된다." < [CEO를 위한 노자], 262쪽 >

“항우의 실패는 결과론적으로 성격과 기질에서 비롯된 것으로 보인다. 항우는 급하고 잔인한 기질에 사람을 믿지 못하는 성격으로 자기 곁에 있던 인재들마저 놓쳤고, 여기에 치명적 결점인 전략적 두뇌, 즉 정치적 두뇌의 결여가 끝내 그를 실패자로 만들었다. 항우와 유방의 사례에서 볼 수 있듯이 리더라고 해서 모두 전사가 될 필요는 없지만, 리더에게 전략적 두뇌가 없어서는 안 된다.” < [사기의 경영학], 158쪽 >

" 결국 내 인생은 아무도 대신 살아주는 게 아니라는 사실, 그리고 내가 숨 쉬고 존재하는 이 순간순간은 결코 돌이킬 수 없는 것이며, 그 순간을 온통 불쾌하고 부정적인 에너지로 도배할 것인지, 행복하고 긍정적인 에너지로 가득 채울 것인지는 결국 내가 '선택' 하는 것이라는 사실을 깨달은 후, 제 삶에는 놀라운 변화와 함께 믿을 수 없는 기적이 일어나기 시작했습니다."   < [에너지 버스] 존 고든, 프롤로그 중에서 >

우리는 자신을 이김으로써 자신을 향상시킨다. 자신과의 싸움은 반드시 존재하고, 거기에서 이겨야 한다.

– 에드워드 기번 –

가장 큰 힘은 내면에 있다. 느긋할수록 더 멀리 간다.

< CEO를 위한 노자 >

_ 베르너 슈반펠더

" 느긋함과 인내가 있으면 성공한다. 느긋함은 자신에 차 있는 내면의 태도를 말하며, 느긋한 관리자는 일이 발생하면 선입견이나 편견 없이 받아들인다. 이런 상황에서 관리자는 일이 일어나는 대로 그것을 그릇에 담듯이 형태만 만든다. 변화는 앞으로도 계속해서 우리의 직장에 불어 닥칠 것이다. 목표는 이미 만들어진 계획이나 과거의 전략으로 달성되는 것이 아니라 인내와 유연성을 통해서 달성된다. 변화는 지속적으로 일어날 수밖에 없다는 사실을 아는 사람만이 생기는 기회를 이용할 수 있다." < 268 ~ 269쪽 >

이 책의 저자는 동양인이 아니라 서양인이다. 그것도 독일의 대기업인 지멘스사 아시아지역 구매담당 임원과 최고 경영자를 지낸 적이 있는 사람이다. 그래서 서양인의 의식을 통해 통찰한 동양의 현자인 노자에게서 배우는 지혜 경영은 매우 특별할 것이다.

리더가 되고자 하는 사람이라면 이 책은 매우 중요한 교훈과 가르침을 주고 있다. 그러한 가르침 중에서도 가장 으뜸은 느긋함과 여유이다. 노자의 무위사상이 토대가 되어 개입하지 않고 행동하고 이끄는 리더십 철학은 말만하고 간섭하기만 좋아하면서 정작 자신의 행동과 말은 이율배반적인 현대의 기업 경영자들과 한국 사회의 정치인들에게 꼭 필요한 리더십이라고 생각이 든다.

" 큰 나라를 다스리는 것은 마치 생선을 굽는 것과 같다.
너무 많이 쑤셔대면 생선은 부서진다. " _ < 도덕경 > 60.

이 말처럼 리더나 지도자 혹은 경영자들에게 필요한 것은 너무 많이 쑤셔대는 것이 아니라 느긋함과 여유이며, 개입하지 않고 재량권을 충분히 아랫사람에게 줄 수 있는 용기와 담대함일 것이다.

이 책의 저자는 노자의 사상을 통해 특별한 지혜들을 얻었고, 그것들을 이 책을 통해 우리들에게 전해 주고 있다. 그가 전해 주는 지혜들 중에서 필자에게 가장 큰 지혜를 준 것은 비로 이 것이다.

" 느긋할수록 더 멀리 간다."

노자는 [도덕경]을 통해 '지혜로운 사람은 일이 조용히 일어나게 하고 일이 일어나면 형태만 만든다.' 라고 말했다. 이 책의 저자는 '고요 속에 힘이 있다' 는 사실을 깨달았던 것이다. 짓는 개는 절대 물지 않는 다. 조용한 물이 깊은 법이다. 우리에게 힘이 있을수록 우리는 고요함을 선호하고, 느긋해 질 수 있다. 그리고 또한 고요할수록, 느긋해질수록 우리에게는 힘이 생기는 것이다.

노자는 또한 ' 굳고 딱딱한 것은 부러진다. 부드럽고 매끄러운 것이 이긴다.' 는 말을 했다. 이 책의 저자는 이를 통해 유연성을 갖는 것의 중요성을 깨달았다. 그리고 오로지 변화만이 지속적이며 성장 가능한 동력이라는 사실을 우리에게 전해 준다. 모든 것은 변화한다는 것을 알아야 한다. 그렇기 때문에 아무것에도 집착하지 않아야 한다. 어제의 방식, 어제의 전략, 어제의 승리는 잊어야 한다. 오늘은 오늘의 방식과 전략과 승리가 있기 때문이다.

" 느긋함과 인내는 성공을 가져다준다. 느긋함은 자신감의 표현으로, 앞으로 일어날 일을 선입견 없이 보도록 해준다. 그래야 일이 왔을 때 그것을 그릇에 담을 수 있게 된다. 변화는 계속해서 우리의 직업적인 삶을 규정할 것이다. 과제는 이미 되어 있는 것과 전에 만들어진 전략에 고집스럽게 집착하는 것으로는 해결되지 않는다. 오히려 인내와 유연성을 갖고 대했을 때 해결될 수 있다. 변화만 지속적이라는 사실을 아는 사람은 이 과정에서의 기회를 잡을 수 있게 된다." < 262쪽 >

노자는 [도덕경]을 통해 느긋하게 사는 것이 지혜의 핵심이라고 말했다. 이 책의 저자는 이런 노자의 사상을 토대로 하여 느긋한 것이 경영과 성공의 비결이라고 말하고 있다.

느긋함과 함께 이 책의 저자는 '겸손함'에 대해서도 강조한다. 노자는 [도덕경]을 통해 '다른 사람의 칭찬을 듣기만 원한다면 그들의 감옥에 갇히게 될 것이다. 너의 일을 끝냈으면, 물러나라. 이것이 느긋함으로 가는 길이다.' ([도덕경] 9) 라고 말한 바 있다. 다른 사람의 칭찬을 좋아하게 되면 자신의 길을 오롯이 가는 것이 힘들고 어렵게 되기 때문이다.

또한 노자는 지혜로운 사람은 실망하지 않고, 일어나는 일을 그대로 받아들이며, 타인에게 무엇을 기대하지도 않으며, 인정을 받으려고도 하지 않기 때문에 자랑하거나 과욕을 부리거나 요구하지도 않는다고 말했다.

“ 발끝으로는 오래 서 있지 못하고
큰 걸음으로 걷는 사람은 오래 걷지 못한다.

스스로를 드러내는 사람은 밝지 못하고 스스로 빛을 드러내려 하면,
자신의 빛이 어둡게 된다.
스스로 자랑하는 사람은 공을 차지하지 못하며 스스로 내세우는 사람은
자기 스스로에게 힘을 행사하지 못한다.
네가 도와 하나가 되길 원한다면
너의 일을 한 후 그것을 놓을 수 있어야 한다.
“ _ < 도덕경 > 24

지혜로운 리더나 경영자가 되기 위해서는 '스스로를 드러내는 사람' 이 되어서는 안 된다는 것을 우리는 배울 수 있어야 할 것이다.

필자는 이 책을 통해 크게 세 가지의 핵심 사항을 가슴 속에 담고 살아가고자 한다. 첫째는 느긋함이며, 둘째는 겸손함이며, 마지막 셋째는 본질이다. 이 책의 저자는 본질을 아는 것이 성공의 열쇠라고 말하기도 한다. 사람마다 성공에 대한 생각이 다르며, 추구하는 목표도 다르다. 그렇기 때문에 삶과 일의 본질을 인식하고 그것에 따라 행동하는 것이 최고의 지혜인 것이다.

우리가 열심히 일하고, 공부하는 것에 대해 본질적인 측면에서 접근을 해야 한다. 그렇게 하지 않으면 나중에 외형적인 성공을 한다고 해도 우리는 더 이상 행복하거나 진정한 성공을 했다고 말할 수 없게 되기 때문이다. 그래서 본질을 아는 것이 무엇보다 중요하며 그것이 또한 성공의 열쇠가 되는 것이라고 말할 수 있는 것이다.

샐러리맨 생활에 지친 독자들이나 새로운 사업을 시작하려고 하는 이들에게는 리더나 경영자로서의 자질을 키우는 것이 우선일 것이다. 이 책은 그러한 사람들에게 추천해 주고 싶은 첫 번째 책이다. 이 책이 제시하는 교훈처럼 너무 조급하게 생각하지 말고, 느긋한 마음으로 준비하고 실천할 때 모든 것이 잘 되어 돌아갈 것이다.

우리 뒤에 놓인 것과 우리 앞에 놓인 것은
우리 안에 놓인 것과 비교하면 사소한 것들이
다.

– 랄프 왈도 에머슨 –

전략이 없으면 반드시 패한다.

< 사기의 경영학 >

_ 김영수

" 사람은 어차피 한 번은 죽습니다. 하지만 어떤 죽음은 태산보다 무겁고, 어떤 죽음은 새털만큼이나 가볍습니다. 이는 죽음을 어떻게 쓰느냐에 따라 그 죽음의 의미가 달라지기 때문입니다. 사람으로서 최상은 조상을 욕되게 하지 않는 것이며, 그 다음은 자기 몸을 욕되게 하지 않는 것이며, 그 다음은 자신의 도리와 체면을 욕되게 하지 않는 것이며, 그 다음이 자신의 언행을 욕되게 하지 않는 것입니다." < 83 ~84 쪽>

이 책은 다양한 인간 군상들의 삶의 모습이 파노라마처럼 펼쳐 보임으로써 세상이 돌아가는 이치를 절로 체득하게 해 주는 인간 경영학의 교과서라 불리는 [사기]를 통해 리더가 알아야 할 것들에 대해 다룬 책이다.

성공하고 싶다면 혹은 경영을 잘하고 싶다면 능력이 뛰어나야 할까? 아니면 정보에 밝아야만 하는 것일까? 아니면 체력이 강해서 서너 시간만 자면서도 하루 종일 혼신의 힘을 쏟아 부어 일을 할 수 있어야 하는 것일까? 아니면 정신력이 강해서 어떤 실패와 좌절 속에서도 두려워하지 않고 담대히 행동하는 것이 필요할까?

필자는 나름대로 이 모든 것이 중요하다고 생각한다. 하지만 이것보다 더 중요한 것은 '사람 공부'라고 생각한다. 모든 성공과 실패는 자신으로부터 시작된다. 하지만 그 모든 것의 완성은 타인으로부터 이루어질 수 있다고 생각하기 때문이다. 뿐만 아리나 인간을 경영하고 이끌기 위해서는 더더욱 그렇다고 생각한다. 그래서 인간에 대한 탐구가 성공하는 사람들과 리더나 경영자들에게는 필요하다고 생각하는 것이다. 바로 이것이 이 책을 추천하는 이유이다.

이 책의 저자는 사마천의 [사기]를 읽어야 하는 이유로 무엇보다 재미가 있으면서도 단순히 재미에만 머무르지 않고 감동 뒤에 묘하고 짙은 여운을 남기며 바람직한 처세와 유용한 지혜를 주며, 부조리한 세상에 대한 통렬하고 통쾌한 비판과 부당한 권력에 항거하고 약자를 동정하고 돕는 인간의 보편적 가치를 통해 인간의 존엄성과 가치를 확인하게 해 주며, 건전한 경제관을 통해 열심히 노력하면 부자가 될 수 있다는 메시지도 담고 있기 때문이라고 말하고 있다.

조직의 리더가 되거나 경영자가 되면 가장 먼저 해야 할 것으로 전략을 수립해야 한다고 이 책의 저자는 우리들에게 조언한다. 전략이 없으면 반드시 패한다는 것이다. 그래서 전략이 모든 것을 이끌고 승리와 패배를 결정짓는다고 한다. 전략 중에서도 때로는 물러설 줄 아는 것이 큰 전략이라고 말한다.

“한 사람의 능력에는 한계가 있을 수밖에 없다. 첩첩 곤경에 처했을 때, 결정과 선택을 내리기 어려울 때, 심신이 모두 지쳐 있을 때라면 더욱 그렇다. 이럴 때는 집착보다 포기를 선택하는 것이 더 큰 용기와 담력을 필요로 하며, 더 큰 의지와 지혜를 필요로 한다. 역사상 이 한 순간 포기를 선택하지 못해 실패한 리더들의 사례는 그 수를 헤아리기 힘들 정도로 많다.” < 101쪽 >

목적과 계획을 가지고 있는 전략적인 포기는 미래를 내다보는 차원 높은 전략인 것이다. 한 순간의 포기를 선택하지 못해 다시는 회복이 불가능한 상태로 자신의 팀과 조직을 전락시키고 마는 리더는 실패한 리더라고 밖에는 말 할 수 없을 것이다. 한 순간의 포기를 통해 영원한 승리를 얻는 리더들이 있기 때문이다. 포기는 더 나은 것을 얻기 위함이라고 말할 수 있다. 그런

관점에서 볼 때 포기는 세속의 가치 기준을 뛰어 넘는 초월이자 일종의 기품이요 보다 높은 경지라고 할 수 있다.

리더나 경영자가 되기 위해서는 전략적인 두뇌가 있어야 한다. 그리고 그러한 전략적 두뇌는 성격과 기질에 크게 좌우 된다. 유방과 항우의 사례를 통해 리더가 되고자하는 사람들은 자신의 성격과 기질을 잘 길러야 한다는 사실을 이 책은 잘 말해 주고 있다.

항우는 엘리트 출신이며, 승승장구하며 전투에도 항상 승리했던 그런 뛰어난 인물이었다. 그는 거록 전투를 계기로 단숨에 천하의 패권을 움켜쥐었다. 최고의 권력을 가진 자가 되었고, 천하를 다 가진 자가 되었던 것이다. 이것만 보면 그는 최고의 성공을 했던 자이다. 하지만 그에게는 전략이 없었던 것이다. 무엇보다 중요한 것은 그는 사람들을 다룰 줄 몰랐고, 인재를 아끼고 활용할 줄 몰랐다. 또한 과거를 거울삼아 배우려고도 하지 않았다. 이것이 그가 건달

출신에 불과한 유방에게 패한 이유였던 것이다.

사마천은 [항우본기]에서 항우의 잘못에 대해 다음과 같이 신랄하게 비판했다.

“ 항우는 자기 공만 자랑하고, 자신의 사사로운 지혜만 믿으며 과거를 거울삼아 배우려 하지 않았다. 패왕의 공업을 앞세워 무력으로 천하를 정복하고 무력으로 다스리려다가 5년 만에 나라를 망치고, 몸은 동성에서 죽으면서도 자신의 잘못이 무엇인지 끝내 깨닫지 못했으니 이것이 잘못이었다. 그러고는 끝까지 ” 하늘이 나를 망하게 하는 것이지 내가 싸움을 잘하지 못한 죄가 결코 아니다. “ 라는 핑계를 댔으니 어찌 잘못이 아닐까?” < 147쪽 >

리더나 경영자가 되었을 때 가장 조심해야 하는 것 중 하나가 자신을 뽐내고 자신의 공만 자랑하고 자신만 내세우려고 하는 오만하고 교만한 마음이다. 항우의 리더십에 얼마나 큰 결함이 있는지를 보여주는 사례는 적지 않지만, 그 중에서도 수도 선정과 관련한 사례는 매우 충격적이다.

당시 채생이란 학자가 항우에게 도읍을 함양에다 정해야 한다고 건의를 했다. 전국을 통제하기 적합한 지리적 위치와 전략적 요충지였기 때문이다. 그런데 항우는 자기 고향 사람들에게 자신의 성공과 부귀를 뽐내기 위해서 팽성을 도읍으로 정했던 것이고, 옳은 소리를 하는 채생이란 학자를 가마솥에 던져넣어 삶아 죽였던 것이다.

리더나 경영자의 최고의 덕목은 자신을 낮추는 겸손이라고 할 수 있다. 모든 사람들의 마음에는 시기와 질투가 본능적으로 자리 잡고 있기 때문이다. 그래서 잘난 척하고, 자신만 내세우는 그런 리더를 아무도 좋아하지 않는다. 또한 자신을 인정해주고 자신에게 공을 돌리는 리더나 경영자를 싫어하는 사람은 아무도 없다. 이러한 사실에 대해 항우는 깨닫지 못 했던 것이다. 항우의 리더십에는 여러 가지 문제가 있었던 것이다.

이 책의 저자는 항우의 리더십의 문제가 그의 성격과 기질에서 비롯되었다고 설명한다. 항우는 유능한 장수를 믿고 병권을 맡기지 못했다. 이것은 용기가 부족했던 것이라고 할 수 있다. 그리고 항우는 부하가 공을 세웠을 때 상을 내려야 할 때가 되면 도장의 모서리가 다 닳을 때까지 만지작거리며 차마 내주질 못 한다. 속이 좁다고 할 수 있다.

" 항우의 실패는 결과론적으로 성격과 기질에서 비롯된 것으로 보인다. 항우는 급하고 잔인한 기질에 사람을 믿지 못하는 성격으로 자기 곁에 있던 인재들마저 놓쳤고, 여기에 치명적 결점인 전략적 두뇌, 즉 정치적 두뇌의 결여가 끝내 그를 실패자로 만들었다. 항우와 유방의 사례에서 볼 수 있듯이 리더라고 해서 모두 전사가 될 필요는 없지만, 리더에게 전략적 두뇌가 없어서는 안 된다." < 158쪽 >

리더가 경영자가 되고자 하는 사람이라면 인간 경영의 교과서인 [사기]를 꼭 읽어봐야 한다. 그리고 더불어 [사기]를 통해 경영의 지혜를 뽑아 낸 이 책도 읽어 보기를 권해 주고 싶다.

‘삶이란 우리 인생에 어떤 일이 생기느냐에 따라 결정되는 것이 아니라 우리가 어떤 태도를 취하느냐에 따라 결정된다.’ 존 밀스

좋은 것은 위대한 것의 적이다.

< 좋은 기업을 넘어 위대한 기업으로 >

_ 짐 콜린스

" 좋은 것good은 큰 것great, 거대하고 위대한 것의 적이다. 그리고 거대하고 위대해지는 것이 그토록 드문 이유도 대개는 바로 그 때문이다.

거대하고 위대한 학교는 없다. 대개의 경우 좋은 학교들이 있기 때문이다. 거대하고 위대한 정부는 없다. 대개의 경우 좋은 정부가 있기 때문이다. 위대한 삶을 사는 사람은 아주 드물다. 대개의 경우 좋은 삶을 사는 것으로 만족하기 때문이다. 대다수의 회사들은 위대해지지 않는다. 바로 대부분의 회사들이 제법 좋기 때문이다. 그리고 그것이 그들의 주된 문제점이다. “ < 19쪽 >

이 책은 매우 재미있는 연구 결과의 부산물이다. 좋은 회사들이 어떻게 해야 위대한 회사로 도약을 할 수 있는 지에 대한 연구를 5년 동안 한 연구의 결과가 이 책이다. 그래서 이 책에는 어떻게 하면 좋은 기업에서 머무는 그러한 ‘그저 좋기만 한’ 병을 치유할 수 있는 지에 대해 잘 알 수 있다.

이 책의 저자는 이 연구를 통해 몇 가지 결론을 도출 해 내었는데, 그 중에서도 가장 핵심적인 개념은 ‘좋은 것은 위대한 것의 적’이라는 개념이었다.

“ 좋은 것good은 큰 것great, 거대하고 위대한 것의 적이다. 그리고 거대하고 위대해지는 것이 그토록 드문 이유도 대개는 바로 그 때문이다.

거대하고 위대한 학교는 없다. 대개의 경우 좋은 학교들이 있기 때문이다. 거대하고 위대한 정부는 없다. 대개의 경우 좋은 정부가 있기 때문이다. 위대한 삶을 사는 사람은 아주 드물다. 대개의 경우 좋은 삶을 사는 것으로 만족하기 때문이다. 대다수의 회사들은 위대해지지 않는다. 바로 대부분의 회사들이 제법 좋기 때문이다. 그리고 그것이 그들의 주된 문제점이다. “
< 19쪽 >

이러한 놀라운 개념과 함께 충격적으로 필자에게 큰 깨달음을 준 또 다른 하나의 사실은 좋은 회사를 위대한 회사로 도약시킨 리더들의 특성이었다. 놀랍게도 위대한 기업의 리더들은 하나같이 겸손하고 조용하고 나서지 않고 심지어 부끄럼까지 타는 특성이 있다는 것이었다. 결국 좋은 리더는 나서기 좋아하고, 잘난 척 할 수도 있지만 그 수준을 뛰어넘어 위대한 리더는 절대 나서지 않으며, 겸손하며, 잘난 척 하지 않는 다는 사실은 너무나 큰 교훈을 시사해 주는 사실

이었다.

“좋은 회사를 위대한 회사로 전환시키는 데 필요한 리더십의 유형을 발견하고 우리는 놀랐다. 정말 충격을 받았다. 헤드라인을 장식하며 명사가 되는 대단한 개성을 가진 도도한 리더들과 비교하면, 좋은 기업을 위대한 기업으로 도약시킨 리더들은 마치 화성에서 온 사람들 같았다. 나서지 않고 조용하며 조심스럽고 심지어 부끄럼까지 타는 이 리더들은 개인적 겸양과 직업적 의지의 역설적인 융합을 보여 주었다. 그들은 패튼이란 시저보다는 링컨이나 소크라테스에 더 가까웠다.” < 33쪽 >

이와 함께 좋은 회사에서 위대한 회사로 도약한 기업들은 슬로건이나 출범식 같은 거창하게 시작을 하거나 떠들썩하게 혁신이나 전환을 공표한 적이 없다는 것이다. 도약 당시에는 변화의 규모를 깨닫지도 못했다는 것이다. 나중에 가서야 뒤돌아보니 엄청난 변화와 도약이 일어났다는 것을 분명하게 깨닫게 되었다고 한다.

좋은 회사를 위대한 회사로 도약시킨 리더들은 절대로 새로운 비전이나 전략을 짜는 것보다 적합한 사람을 적합한 자리에 앉히는 일을 우선시 했고, 중요하게 생각했다고 한다. 전략이나 비전보다 사람이 먼저라는 것이다. 그리고 이들은 냉혹한 현실을 직시하면서도 믿음을 잃지 않았다고 한다.

이 책을 통해 얻게 된 최고의 교훈은 위대한 기업으로 도약하기 위해서는 여우가 아닌 고슴도치가 되어야 한다는 사실이었다. 고슴도치와 여우 컨셉은 유명한 이사야 벌린의 수필인 <고슴도치와 여우>에서 소개 되어 나오는 개념이다. 이사야 벌린은 오랫동안 세상에 알려지지 않았던 고대 그리스 우화를 통해 이 개념을 세상에 알렸다.

"여우는 많은 것을 알지만, 고슴도치는 한 가지 큰 것을 안다."

한 마디로 여우는 전략가이다. 이것저것 모든

전략을 다 구사하고 시도를 한다. 하지만 고슴도치는 전략이 없다. 그의 유일한 전략은 자신이 가장 잘 할 수 있는 유일한 행동을 끝까지 고수한다는 것이다. 그것은 바로 몸을 말아 동그란 작은 공으로 변신하는 것이다. 결국 승자는 고슴도치라는 것이다.

이와 비슷하게 위대한 기업으로 도약하는 기업의 리더들과 사람들은 모두 어느 정도 고슴도치와 닮아 있다는 것을 이 책은 밝혔다는 것이다. 어떻게 보면 복잡하고 빠르게 변하는 이 시대에 단순하고 무식하게 보이는 이러한 고슴도치 컨셉은 멍청하게 보일 수도 있다. 하지만 이 책의 저자는 이것이 결코 멍청한 것이 아니며, 단순함은 심원한 통찰의 본질이라고 주장한다.

'최고는 단순하다' 는 말을 필자는 매우 좋아한다. 필자 역시 단순 무식한 구석이 있다. 필자가 이렇게 책을 쓸 수 있는 작가가 된 것도 99%가 단순한 삶을 살았기 때문이라고 말할 수 있다. 이 책의 저자는 복잡한 속을 뚫고서 그

바탕에 깔린 패턴들을 식별할 수 있게 해 주는 날카로운 통찰력을 지닌 것이 바로 고슴도치라고 말한다. 즉 고슴도치는 본질적이고 큰 것을 하나만 본다. 그 하나가 모든 것을 대변해 줄 수 있는 것이다.

위대한 기업으로 도약한 사람들은 모두 본질을 통찰하고, 일관된 모습을 보여 준다는 공통점이 있다고 한다. 그리고 바로 이러한 공통점이 위대한 기업으로 도약을 가능하게 해 주었다는 것이다.

" 좋은 회사를 위대한 회사로 도약시킨 사람들은 어느 정도는 모두 고슴도치였다. 그들은 자신의 고슴도치 속성을 활용하여 우리가 고슴도치 컨셉이라고 부르게 된 것을 자신의 회사들에서 일관되게 추진했다. 비교 기업의 리더들은 여우같은 속성이 있어 고슴도치 컨셉의 분명한 장점을 파악하지 못하고, 어지럽고 방만하고 일관되지 못한 모습을 보였다." < 157쪽 >

이 책의 저자는 우리들에게 깊은 열정을 가지고 있으면서 세계 최고가 될 수 있는 일, 그리고 경제적으로 활발한 현금 흐름과 수익성을 가져다주는 것을 고슴도치 컨셉의 세 가지 요소로 선택할 것을 조언해 준다. 즉 고슴도치 컨셉은 우리가 최고가 되고자 목표를 정하고, 그렇게 하기 위한 전략을 세우고, 계획을 세우는 것이 아니라 우리가 무엇에서 최고가 될 수 있는지를 아는 것에서 비롯되어야 한다고 말한다.

고슴도치의 경우를 예로 들면 고슴도치는 달리기에서 최고가 되고자 하지 않았다. 또한 하늘을 나는 것이나 땅굴을 파는 것에서 최고가 되고자 전략이나 계획을 세우지 않았다는 것이다. 고슴도치는 자신이 최고가 될 수 있는 분야인 몸을 말아서 공을 만들고 가시를 세우는 것을 정확히 알고 있었다는 것이다.

바로 이러한 사실에 대해 위대한 기업으로 도약한 사람들도 정확하게 일치한다는 사실이다. 그래서 그들의 주된 업종을 보면 유망한 업종이 아닌 경우도 많다. 하지만 그들은 그 분야에서 자신들이 최고가 될 수 있다는 한 가지 사실만은 확실하게 알고 있었던 것이다. 또한 위대한 기업으로 도약한 기업들은 계속 향상되고 계속 성과를 내는 것에 놀라운 힘이 도사리고 있다는 사실도 잘 이해하고 있었다.

리더나 경영자가 되고자 한다면 이 책은 반드시 읽어봐야 할 몇 몇 안 되는 책들 중에 하나라고 필자는 생각한다. 여기서 반드시 읽어봐야 할 몇 몇 안 되는 책들이라고 말한 것은 사실 반어법이다. 어떤 책도 그 나름대로 가치가 있다고 필자는 생각한다. 그래서 모든 책을 다 읽어보는 것이 가장 좋지만 그렇게 할 수 없기 때문에 우선적으로 읽어야 할 책이 있다면 이 책이라는 것이다.

‘당신이 건강한 아이를 낳든, 자그마한 정원을 가꾸든, 자기가 사는 사회 환경을 개선하든, 당신이 한때 그곳에 삶으로써 단 한 사람의 인생이라도 행복할 수 있었다면 그것이야말로 진정한 인생의 성공이다.’ < 랄프 왈도 에머슨 >

인생은 결국 당신의 선택에 달려 있다.

< 에너지 버스 >

_ 존 고든

" 결국 내 인생은 아무도 대신 살아주는 게 아니라는 사실, 그리고 내가 숨 쉬고 존재하는 이 순간순간은 결코 돌이킬 수 없는 것이며, 그 순간을 온통 불쾌하고 부정적인 에너지로 도배할 것인지, 행복하고 긍정적인 에너지로 가득 채울 것인지는 결국 내가 '선택' 하는 것이라는 사실을 깨달은 후, 제 삶에는 놀라운 변화와 함께 믿을 수 없는 기적이 일어나기 시작했습니다."

< 프롤로그 중에서 >

이 책의 저자는 일상에 지쳐서 봄이 오는지 겨울이 가는지 알 바 아니라는 듯, 더 이상 슬플 일도 기쁠 일도 없다는 듯, 한없이 무기력하고 무미건조하게 살아간 적이 있는 사람이다. 하지만 그는 우리 인생이 충만하고 행복하고 긍정적인 에너지로 가득 찬 인생을 살아 갈 것인지, 아니면 불쾌하고 부정적이고 불행한 에너지로 가득 찬 인생을 살아갈 것인지는 결국 자신의 선택에 달려 있다는 사실을 깨닫고 삶이 변화되는 기적을 경험하게 되었다.

이 책의 저자는 우리에게 말한다. 인생이라는 버스의 운전기사는 다름 아닌 우리 자신이라는 사실을 말이다. 그리고 모든 것은 선택의 문제이며 그 선택에 의해 우리 인생을 가득 채우는 에너지가 결정된다고 말한다. 그런데 긍정 에너지는 우리의 상상을 뛰어넘는 놀라운 힘을 가지고 있다고 그는 말한다.

하루하루 살아가야할 일상이 더 이상 재미가 없고, 몸과 마음은 더 이상 버틸 수 없을 만큼 지쳐있고, 현실은 우리를 압박해 오고 있고, 미래는 암담하다면 당신은 어떻게 할 것인가? 이 책의 저자는 이럴 때 이러한 모든 것을 해결할 수 있는 사람은 이 세상의 68억 인류 중에서 오직 당신 자신뿐 이라고 말한다.

이 책의 저자는 이 세상의 모든 것은 에너지의 문제라고 말한다. 20세기의 천재 과학자인 아인슈타인은 우리가 보는 모든 물리적 사물과 우리 신체마저도 에너지로 이루어져 있다고 말했다. 특히 생각이 가지고 있는 엄청난 에너지에 대해 그는 조언해 준다. 우리가 우리 인생에 대해 비전을 적게 되면, 진짜 우리가 원하는 것이 무엇인지 진지하게 생각해보고 그 비전을 글로 옮겨 놓는 순간, 그 행위 자체가 강력한 에너지를 이끌어내 원하는 삶을 시작할 수 있도록 도와준다고 한다.

우리가 무엇인가를 간절하게 원하면 그 열망이 비전이 되고, 비전은 우리로 하여금 행동하고 집중할 수 있도록 해 주는 것이다. 이것이 바로 에너지의 순환인 것이라고 필자는 생각한다. 그리고 여기에 긍정적인 생각, 즉 긍정 에너지가 추가된다면 그 위력은 우리의 상상을 초월하게 된다.

이 책이 일상에 지친 사람들에게 제시하는 에너지 충전법은 한 마디로 긍정이다. 무엇보다도 자기 자신이 오롯이 선택할 수 있다는 점에서 매우 유익하다고 할 수 있다. 외부 환경은 우리가 선택할 수 없지만 우리의 마음과 자세는 우리가 얼마든지 선택할 수 있다는 것이다. 이 책의 저자는 또한 우리가 가장 조심하고 경계해야 하는 것은 부정적인 생각이라고 말한다.

우리 안에는 두 마리의 개가 살고 있는 것과 같다. 우리가 매사에 긍정적인 개에게 먹이를 주게 되면 긍정적인 삶을 살아갈 수 있다. 반면에 우리가 조금이라도 이것을 게을리 하게 되고, 틈을 주면 우리는 부정적인 개에게 먹이를 주는 꼴이 된다. 그래서 의도적으로 우리는 긍정적인 삶을 살고자 긍정을 끊임없이 선택해야 하는 것이다.

우리가 에너지를 충전하는 또 다른 하나의 방법으로는 '좋은 일만 일어날 것'이라고 스스로에게 주문을 거는 것이라고 한다. 오프라 윈프리의 경우에는 자신의 미래가 너무 눈이 부셔서 눈을 뜰 수 없을 지경까지 될 것이라고 스스로에게 말한 적이 있다. 위대한 성공자들은 모두 자신의 성공을 그 누구보다 확신했던 사람들이라는 사실을 우리는 알고 있다. 우리들에게 필요한 것은 바로 이러한 확신과 긍정, 눈부신 기대감일 것이다.

어제와 별반 다를 바 없는 무기력한 오늘을 살아갈 것인지, 아니면 눈부신 오늘을 살아갈 것인지는 우리의 선택과 생각에 달려 있다. 그러한 것들은 우리의 에너지를 결정하기 때문이다. 우리의 에너지를 결정하는 것 중에 하나는 우리의 기분이다. 그렇기 때문에 날마다 기분을 좋게 유지하는 것이 매우 중요하다. 기분을 언제나 상쾌하게 유지하는 것도 하나의 삶의 기술이라고 할 수 있다. 인생을 좌우하는 함수는 우리가 생각하는 것만큼 복잡하지 않다. 때로는 참 정직하고 단순하다.

기분을 상쾌하게 유지하는 방법 중에 하나는 된다고 믿는 것, 작은 것들에 감사하는 것, 주위 사람들을 사랑하고 친절을 베푸는 것, 삶의 기쁨을 만끽하는 것 등이 있다고 할 수 있다. 이처럼 그렇게 거창하고 힘들고 어려운 일은 절대 아니다. 이러한 작은 일들을 매일 하게 되면 당신은 항상 유쾌하고 상쾌한 기분을 유지할 수 있게 된다.

재미있는 사실은 당신이 열정과 에너지로 충만한 사람이 될 경우 당신의 주위에는 정확히 그런 사람들로 채워진다는 것이다. 이것은 다른 말로 하자면 당신의 열정과 에너지는 전염이 되어 당신의 주위 사람들에게 영향을 준다는 것이다. 그래서 당신의 열정과 에너지는 그들을 매료시키기에 충분한 것들이라는 것이다.

우리에게 단 한 번 주어진 인생을 우리가 열정과 에너지로 흠뻑 즐길 수 있다면 이 세상과 온 우주가 우리에게 얼마나 많은 선물을 준비해두었는지 알게 될 것이고 그로 인해 당신은 놀라지 않을 수 없게 될 것이다.

우리의 인생은 우리의 선택에 달려 있다. 작은 것에 감사하고, 일상을 즐기고, 내일을 긍정하고, 아무 이유도 없이 실실거리며, 기뻐할 수 있다면 당신의 삶은 더 이상 무미건조한 무기력한 일상에 매몰되는 일은 없을 것이다.

이 책의 저자는 하루 24시간을 48시간처럼 바쁘게 '누리며' 살고 있다고 한다. 예전보다 3배는 더 바쁘고, 예전보다 10배는 더 많은 사람들을 만나며 살고 있지만, 그의 삶은 언제나 활력과 즐거움이 넘친다고 한다. 그리고 그가 그렇게 할 수 있었던 원동력은 바로 '긍정 에너지' 때문이다.

긍정 에너지는 인생이 어떤 길로 가든, 어떤

길이 자신의 앞에 놓여 있든, 기쁨을 가지고 매 순간을 즐기며 여정을 계속하는 것이며, 직장과 가정을 즐거움과 활력으로 가득 채우는 것이다. 즐거움이 있다면 인생의 모든 일은 훨씬 더 수월하게 흘러 갈 것이 당연하다. 긍정 에너지는 인생의 윤활유이며, 연료이기 때문이다.

'힘들다, 힘들다.' 하면 힘들어지고, '즐겁다. 즐겁다' 하면 즐거워진다는 단순한 교훈이 우리 삶에서 가장 중요한 교훈일지도 모르겠다. 이처럼 인생의 기적은 멀리 있는 것이 아니다. 주위 사람들에게 감사를 전하고, 즐거움과 긍정 에너지를 스스로에게 부여할 때 인생의 기적은 시작된다.

인간으로서 우리의 위대함은 세상을 변화시키는 능력에 있는 것이 아니라 우리 자신을 변화시키는 능력에 있다.

– 마하트마 간디 –

오늘보다 내일이 더 행복해 지는 것은 전적으로 당신에게 달려 있다.

< 인생의 절반은 행복하게 살자 >

_ 주선용

" 행복하게 살 수 있는 방법은 무엇일까? 한마디로 요약 하면, '특정한 사고방식과 행동 양식대로 살아가는 법' 이라고 할 수 있다. 사소해 보이지만, 우리의 사고방식과 행동 양식은 우리 삶의 성공과 실패, 부와 가난, 인간관계, 위기 대처, 행복과 불행 등 모든 경우에 대해서 그 결과를 가르는 중요한 요소이다." < 프롤로그에서 >

'아직 최고의 순간은 오지 않았다. 인생의 후반, 그것을 위해 인생의 초반이 존재하나니.'

영국의 시인 로버트 브라우닝의 시의 일부이다. 인생 최고의 순간은 저절로 살다 보면 생겨나는 것은 아니다. 결국 우리의 행복과 불행, 성공과 실패, 최고의 순간은 전적으로 우리 자신에게 달려 있다.

인생의 후반, 인생의 절반을 최고의 인생으로 살아가기 위해 우리들에게 필요한 삶의 자세와 행동 철학에 대한 책이 바로 이 책이라고 할 수 있다.

우리의 인생은 우리가 '어떤 사건'을 만났는지에 따라 결정되는 것이 아니라, 우리가 '어떤 태도'를 보이느냐에 달려 있다.

우리가 어떤 삶을 살고 싶다면 그런 삶을 이미 살고 있는 것처럼 우리의 생각과 태도를 선택하고 행동하라. 그렇게 하면 실제로 그렇게 살게 된다. 미국의 심리학자 윌리엄 제임스의 '어떤 자질을 갖고 싶으면 그것을 이미 가지고 있는 것처럼 행동하라.' 는 말처럼 말이다.

우리가 행복한 삶을 사느냐 아니면 불행한 삶을 사느냐는 우리의 능력이나 환경에 의해서 결정되는 것이 아니라 우리가 어떤 생각과 행동을 하게 되느냐 하는 우리의 뇌에 고착된 특정한 사고방식과 행동 양식에 의해 결정된다. 그렇기 때문에 1%만 생각과 행동을 바꾸면 99%의 인생이 바뀌게 되는 것이다.

진짜 인생은 인생의 리허설에 불과한, 철없던 시절을 지나 중년이 되었을 때부터의 삶이라고 할 수 있다. 인생의 리허설과 같은 조반의 인생 절반을 우리는 타인에 의해 살아왔다면 인생의 후반은 자기 자신에 의해서 살아가는 주체적인 삶이 되어야 한다.

그것이 진짜 인생의 요건이며, 행복한 삶을 살아갈 수 있는 최소한의 조건이기 때문이다.

우리의 삶을 결정하는 것은 우리의 생각과 행동이다.

우리의 생각과 행동이 지금까지는 적당하게 도전하고 적당하게 일하고 적당하게 세상과 조우했다면 이제부터는 가장 뜨거운 도전을 하고, 가장 열광적으로 일을 하고, 가장 높은 곳의 세상과 조우하는 것을 목표로 하여 살아가야 한다.

'당신이 생각하고 있는 말을 만 번 이상 반복하면, 당신은 그런 사람이 된다.' 고 하는 인디언 속담처럼 우리는 결국 우리의 생각대로의 삶을 펼치며 살아가게 되어 있다. 그렇기 때문에 우리는 우리의 생각을 조심해야 한다.

작은 생각을 많이 하는 사람은 인생도 역시 작아지게 되고, 큰 생각을 많이 하는 사람은 결국 인생도 크게 되기 때문이다.

행복과 성공을 생각하는 사람은 행복하고 성공하

게 된다. 걱정과 근심과 두려움과 염려로 가득 찬 생각을 하루 종일 하는 사람은 결국 그렇게 된다.

그래서 우리가 하는 말이 곧 우리 인생이 되는 것이다. 우리가 하는 행동이 곧 우리 인생을 이끌게 되는 것이다.

서머싯 몸은 '인생에는 재미있는 점이 있다. 이는 모든 걸 마다하고 최고만 받아들이려고 고집하면 대체로 최고를 얻게 된다는 것' 이라고 말한 적이 있다. 그의 이 말처럼 인생에는 재미있는 점이 있다. 그것도 아주 많이 있다.

그 중에서도 가장 재미있는 것은 '우리 인생은 결국 우리 스스로가 만들어간다는 것' 이다.

지금까지의 삶이 불행했다면 그 원인은 다름 아닌 당신 자신에게 있다. 그리고 지금까지의 삶이 행복했다면 그 원인도 다름 아닌 당신 자신에게 있다. 그러므로 인생의 절반을 행복하게 살 수 있도록 해 주는 것도 역시 당신 자신이다.

당신이 그토록 원하고 바랐던 그런 삶과 지금 현재의 당신의 실제 삶과 어느 정도의 격차가 있는 가? 어떤 이는 그 격차가 10년 정도의 세월일수 있을 것이고, 또 어떤 이는 그 격차가 50년 일수도 있을 것이다. 또 어떤 이는 5년 정도 일수도 있을 것이다.

우리가 명심해야 할 한 가지는 그 격차의 간격이 중요한 것이 아니라 그 격차를 줄일 수 있는 사람은 이 세상에 당신 밖에 없다는 사실이다.

그런 점에서 인생은 결국 자기 자신과의 여행이면서 동시에 싸움이다.

타인과의 싸움조차도 따지고 보면 자기 자신과의 싸움이며, 타인과의 여행조차도 따지고 보면 자기 자신과의 여행이다. 그렇기 때문에 인생의 성공과 행복은 타인에게 달려 있거나, 티인과의 경쟁과 함께 하는 여정에서 비롯되는 것이 아니라 자기 자신에게 달려있고, 자기 자신과의 여행과 경쟁에서 비롯된다고 말할 수 있다.

행복하게 살기 위해서는 행복에 대한 정의를 제대로 내려야 한다. 그것을 잘못 내리게 되면 앞만 보며 내달리게 된다. 그러한 삶은 쉽게 지칠 수 있고 쉽게 불행해질 수 있게 된다. 하지만 행복에 대해 올바른 인식을 하게 될 때 우리는 서두르지 않을 수 있게 된다. 인생에 대해 제대로 깨닫게 되면, 방황하거나 멈추지 않게 되고, 그렇다고 조급해하거나 안달하지 않게 된다.

행복은 성취도, 결과도 아니기에 안달하거나 급하게 서두를 필요도 없다. 누군가가 앞서간다고 해서 시기나 질투 등을 할 필요도 없나. 오히려 누군가가 좀 더 좋은 길을 열어 놓았기에 그 가능성에 자신의 마음이 더 풍요로워질 수 있다.

우리의 인생을 행복하게 살기 위해 필요한 것들은 그렇게 비싸거나 그렇게 성취하기 힘든 것들이 아니다. 쉽게 할 수 있는 취미나 쇼핑을 통해서도 우리는 일상의 행복을 맛볼 수 있다. 심지어 조용히 자녀들의 책상 앞에 앉아 보는 것만으로도 우리는 과거 학창 시절의 추억과 배움의 기억들이 가져다주는 희열과 기쁨을 되새길 수 있다.

'지금은 너무 늦었어.'

'이제 우리 인생은 끝났어.'

'어차피 내 인생은 망했어.'

이런 말을 하는 사람이 될 것인가? 아니면 아래와 같은 말을 하는 사람이 될 것인가?

' 이제부터야, 이제 시작이야.'

'지금부터가 인생의 최고의 순간이야.'

'최고의 순간은 아직 오지 않았어.'

‘오늘은 너무 최고의 날이었어‘

‘요즘 하루 하루는 인생 최고의 순간이야’

‘나는 세상에서 가장 행복한 사람이야.’

‘나는 세계 최고야.’

라는 말을 할 수 있다면 그 사람의 인생의 절반은 훨씬 더 행복하게 살아갈 수 있을 것이다.

이 책의 저자는 중년들, 특히 마흔들에게 다음과 같은 조언을 해 준다.

“마흔의 청년들은 싸워야 한다. 노년을 강요하는 사회와 그 강요에 주눅 드는 자신과 싸워야 한다. 그리고 나이 듦과 무능함을 동의어로 만들려는 억지 주장과 싸워야 한다. 이 두 가지 싸움에서 이겼을 때 비로소 마흔 청년의 희망 설계가 시작된다.”

이 책은 오늘보다 내일이 더 행복해지는 78가지 방법에 대한 이야기를 담고 있다. 자기 자신이 지금까지 앞만 보고 열심히 살아왔지만 별로 행복하지 못했던 사람들에게 이 책은 좋은 행복 지침서가 되어 줄 것이다.

‘당신이 건강한 아이를 낳든, 자그마한 정원을 가꾸든, 자기가 사는 사회 환경을 개선하든, 당신이 한때 그곳에 삶으로써 단 한 사람의 인생이라도 행복할 수 있었다면 그것이야말로 진정한 인생의 성공이다.’ < 랄프 왈도 에머슨 >

에필로그 _ 책은 삶의 특권이며 최고의 사치이며 향락이다.

'인생을 바꾸는 것은 재능이 아니라 독서이다.'

빌 게이츠, 워렌 버핏, 오프라 윈프리, 스티브 잡스, 손 정의, 조지 소로스, 마오쩌둥, 존 스튜어트 밀, 세종 대왕, 나폴레옹 의 공통점은 독서가 그들의 삶을 도약시켜 놓았다는 것이다.

이들은 모두 남들보다 훨씬 더 많은 독서를 한 사람들이다. 그리고 그 결과 평범한 사람들보다 훨씬 더 많은 업적을 달성해 낸 사람들이다.

모든 성공은 자기 자신에게서 비롯된다. 그리고 그 자신은 자기가 읽은 것에 의해서 완성된다. 결국 모든 성공은 자신이 읽은 것을 통해 비롯되는 것이다.

독서를 한다는 것은 삶의 특권이다.

독서만큼 경제적인 것은 없기 때문이다. 독서만큼 쉽고 편하면서 최대의 효과를 가져다주는 것은 없기 때문이다. 독서만큼 우리에게 많은 생각의 재료를 주는 것은 없다.

독서만큼 우리의 삶을 풍요롭게 해 주고 윤택하게 해 주는 것은 없기 때문이다.

독서만큼 우리 자신을 도약하게 해 주는 것도 이 세상에는 없기 때문이다. 독서만큼 이 세상을 통찰할 수 있는 안목을 제공해 주는 것도 없기 때문이다.

독서만큼 우리에게 기쁨과 위안을 주는 것은 없기 때문이다.

누군가 만들어놓은 길을 가는 것은 쉽다. 하지만 그 길은 망하는 길이다. 아무도 만들어 놓지 않은 새로운 길을 우리는 가야 한다. 하지만 그 길은 매우 힘들고 어렵다. 그래서 독서가 필요한 것이다. 많은 책을 통해 우리는 의식과 사고를 도약시켜야 하고, 그 결과 자신만의 새로운 길을 개척할 수 있다. 그리고 그 길은 성공하고 번영하는 길이 되는 것이다.

우리를 최고의 자리로 이끄는 것은 무조건 열심히 일하는 것이 아니다.

우리를 최고의 자리로 이끄는 것을 자신에게 가장 맞는 올바른 일을 선택하고, 그 일을 가장 현명하고 효율적으로 하는 것에서 비롯된다. 이러한 올바른 일과 올바른 방법을 발견하고 찾아내기 위해서 우리에게 필요한 것은 바로 독서이다. 독서를 통해 우리를 찾을 수 있고, 세상을 내다볼 수 있게 되기 때문이다.

독서를 한다는 것은 최고의 사치이며, 향락이다.

이 세상에서 독서만큼 우리에게 중독을 일으키는 것도 없다. 독서의 맛을 제대로 경험한 사람들은 자신의 아내를 팔아서 책을 사고, 자신의 집을 팔아서 책을 산다.

독서에 한 번 제대로 중독된 사람은 밥을 먹으면서도 책을 손에서 놓을 수 없고, 다니던 직장을 포기하고서라도 책을 읽어야만 한다.

독서에 중독된 사람들은 먹을 쌀이 없어도 돈이 생기기만 하면 밥을 사 먹는 것이 아니라 책을 산다. 이것이 바로 책의 중독성이다.

책이 이렇게 중독성이 강한 이유는 무엇일까? 그것은 바로 책은 최고의 사치이며 향락이기 때문이다.

과거에는 책을 읽을 수 있었던 신분은 왕이나 귀족이나 선비였다. 이들은 모두 선택받고 축복받은 계층이었다.

과거 한 때에는 책을 읽는 것이 금지되었고, 몇몇 특권을 부여 받은 사람만이 책을 읽을 수 있기도 했다.

많은 사람이 독서를 하지 않는 이유는 독서의 맛을 제대로 경험해 보지 못했기 때문이다. 하지만 어떤 사람이라도 독서의 맛을 제대로 한 번이라도 경험하게 되면, 그다음부터는 절대 독서의 중독에서 빠져나올 수가 없게 된다. 결국 평생 독서를 하는 삶을 살아가야 하게 되는 것이다.

필자가 백수와 전업 남편에서 작가가 될 수 있

었던 것은 엄청난 양의 독서를 집중적으로 했기 때문이다. 즉 필자의 모든 경쟁력의 대부분은 3년 동안 독서에 집중적으로 투자한 노력의 결과물이라고 할 수 있다. 그래서 필자는 독서의 위력에 대해서 거의 신앙에 가까운 확신을 갖고 있다. 필자에게 새로운 인생을 열어 준 것은 다름 아닌 독서였다.

독서를 하지 않았다면 필자는 지금도 백수였을 것이고, 전업 남편으로 집안일에 매여 사는 남자였을 것이다.

독서는 삶의 최고의 특권이며, 우리가 누릴 수 있는 향락이며, 최고의 사치라고 말하는 이유가 바로 이것이다.

인생에 지쳐 길을 잃고 방황할 때 우리가 할 수 있는 최고의 선택은 또한 독서이다. 책 속에 우리의 길이 있고, 우리의 힘이 있고, 우리의 미래가 있고, 우리의 사유가 있다. 인생을 살다 보면 결정적인 순간을 맞이하게 된다. 바로 그 때 우리가 상황에 잘 들어맞는 책을 읽을 수 있다면 그것보다 더 유익한 것도 이 세상에 없을 것이다.

이 책이 많은 사람에게 유익한 지침서가 되어주는 이유 중 하나는 독서하는 방법을 제대로 알고 있는 사람들이 그렇게 많지 않다는 것이다. 평생 책을 읽었고, 심지어 책을 쓴 위대한 작가이기도 한 괴테는 이런 의미심장한 말을 남긴 적이 있다.

" 나는 독서하는 방법을 배우기 위해서 80년이라는 세월을 바쳤는데도 아직까지 그것을 다 배웠다고 말할 수 없다."

이처럼 독서라는 것은 우리가 생각하는 것만큼 저절로 되는 것이 아니다. 특히 좋은 책은 선택하는 방법을 배우는 것은 더더욱 어려운 기술이라고 할 수 있다. 그런 점에서 이 책은 매우 유익한 책이 될 것이다.

이 책을 통해 우리는 삶의 결정적 순간을 최고의 순간으로 만들 수 있다. 이것이 이 책의 가장 큰 유익함이다. 이 책을 통해 눈부신 미래를 펼쳐 나가기를 기원한다.

판권

초판 인쇄: 2025년 12월 20일
초판 발행: 2025년 12월 20일

펴낸이: 김병완
펴낸곳: (주) 플랫폼연구소

출판등록: 제 2020-000075호

이메일: pflab2020@naver.com

주소:서울시 강남구 삼성동 116 백우빌딩 402호

ISBN 979-11-24195-41-3(03190)

* 잘못된 책은 구입하신 서점에서 교환하여 드립니다.